Mögen gute Gedanken mit dir sein

Inspirationen und Weisheiten für jeden Tag

Charlotte Reed

Lüchow

„Charlottes Buch ist wie ein warmer Sonnenstrahl. Ihre weisen Ratschläge, wie man besser durch den Tag kommt, sind aufschlussreich und inspirierend und zaubern einem ein Lächeln ins Gesicht. Nur eine einfühlsame Seele vermag die richtigen Worte zu finden, um diesen Paradigmenwechsel auszulösen, nach dem man sich schon so lange sehnt!"

NATALIE IMBRUGLIA, SÄNGERIN UND SCHAUSPIELERIN

„Als mir *Mögen gute Gedanken mit dir sein* in die Hände fiel, hatte ich sofort eine Gänsehaut: Ich hatte das Buch noch nicht einmal geöffnet, und doch lag schon irgendetwas Gutes in der Luft. Als ich es schließlich aufschlug, konnte ich gar nicht mehr aufhören, darin zu blättern und sog die Wärme, die Liebe und das Wohlgefühl, die es verbreitete, förmlich in mich auf. Ein Lächeln erhellte mein Gesicht, ich genoss all die Gedanken und die fröhlichen Bilder, die sie begleiteten. Am Ende angelangt, musste ich an all die Menschen denken, denen ich dieses Büchlein gern schenken wollte. Ihnen allen würde dieses entzückende kleine Buch den Tag versüßen und ihnen ein Lächeln auf die Lippen zaubern."

RACHEL KELLY, AUTORIN DES BESTSELLERS *BLACK RAINBOW*

Dieses kleine Buch begann sein Dasein als Titel im Eigenverlag, den ich auf dem Markt in der Portobello Road in Notting Hill, London, verkaufte. Sechs Monate später stieß der Hay House Verlag auf mein Buch und machte mir ein wunderbares Angebot! Und obwohl es mein Buch inzwischen in allen möglichen Läden zu kaufen gibt, verkaufe ich es nach wie vor auch an meinem Marktstand, wo es noch allerlei ähnliche Kunst-Stücke zu entdecken gibt. Ich liebe einfach den direkten Kontakt mit meinen Kunden. Und die Portobello Road ist ein so besonderer Platz; ich wollte einfach nicht darauf verzichten, Teil dieser Gemeinschaft von Markttreibenden zu sein. Also warum schaust du nicht mal vorbei und wir quatschen eine Runde – Informationen darüber, wann und wo du mich findest, gibt es auf meiner Website:

www.maythethoughtsbewithyou.com

Alles Liebe,
Charlotte

Es ist viel spannender,
ein Wunder zu wirken,
als auf eines
zu warten.

Was alt wird, das ist nur dein Leben – nicht du selbst oder deine Seele.

Am Ende deines
Lebens zählt nicht,
wie viel Geld du
angehäuft hast,
sondern wie viel Liebe
du geschenkt hast.

Das Universum ist bereit, wenn du es bist.

Guru Schuhlos

Wenn Seelen sprechen könnten, würden sie
wahrscheinlich sagen: „Hör auf zu grübeln!
Du schaffst das. Mach mal eine Pause.
Du hast es verdient. VERTRAUE.
Warum denn nicht? Worauf wartest du?
Mach dir nichts draus, was andere denken.
TU'S EINFACH! GENIESS ES! Ach, und noch eine
Kleinigkeit: Ich hab keine Ahnung, wie lange
ich in deinem Körper bleiben kann,
also mach um Himmels Willen DAS BESTE daraus!"

Was soll ich denn die schöne Aussicht genießen, ich muss schließlich noch auf den Gipfel!
Am Ziel anzukommen kann ernüchternd sein, wenn du unterwegs vergessen hast, den Weg dorthin zu genießen.

Professor Wahrheit

Tägliches Ritual
für ein stressfreies
Leben:

Gib dein Bestes
und überlass den Rest
dem Universum!

Du hast die Wahl:
Tritt in jemandes
Fußstapfen
oder hinterlasse
eigene!

Weise nennt man Menschen, die in die Tiefen ihrer eigenen Tragödien hinabgestiegen und dann von dort zurückgekehrt sind. Sie haben ein Geschenk für die Welt mitgebracht.

Schlaue Mietze

Wenn alle deine Pläne
in die Hose gehen, darf
das Unvorhergesehene
sich entfalten.

Akzeptanz
ist ein
hervorragendes
Schmerzmittel.

Wenn du etwas Wertvolles gelernt hast, vergiss nicht, es in die Welt zu tragen.

Einfach, aber wahr

Indem du deine Träume und Ziele verfolgst, wirst du erkennen, wer du wirklich bist – das ist auch der Grund dafür, weshalb sich deine Seele so nach dem Traum sehnt: Damit sie die Möglichkeit hat, sich hier auf Erden selbst zu entdecken.

Auch in den schlimmsten Situationen kannst du dir dein Mitgefühl, deine Ruhe, Freundlichkeit und dein Verständnis bewahren. Genau dann brauchst du sie nämlich am meisten.

Es steht doch nirgends geschrieben, dass das Leben heutzutage schnell und stressig sein muss. Du kannst dein Tempo selbst bestimmen.

Guru Schuhlos

Weise
Das Leben steckt nicht voller Probleme, sondern voller Lern-möglichkeiten.

Entgegen der allgemeinen Überzeugung wird deine Härte gegen dich selbst dich nicht stärker machen, deine Güte zu dir selbst dagegen schon.

Wenn du tief genug gräbst, wirst du feststellen, dass die Liebe die Quelle aller Dinge ist.

So oft im Leben wollen wir etwas größer, besser, besonderer oder erfolgreicher machen und vergessen dabei ganz, dass wir es doch genauso genießen könnten, wie es ist.

Oft sind die
größten und besten
Veränderungen im Leben
nur einen kleinen
Schritt entfernt.

Egal, wie reich und erfolgreich du eines Tages sein wirst, du kannst dann immer noch mit dem Bus fahren und deinen Abfluss selber reinigen.

Sei so mutig und tu das,
was du für richtig hältst.

Das Leben ist einfach: Hör auf zu suchen, fang an zu sein.

Kontrolle aufgeben ist nötig,
wenn du wirklich die wahre Bedeutung
von FREIHEIT erfahren möchtest!

Dein Leben wird in dem Augenblick perfekt, in dem du es so akzeptierst, wie es ist.

Eines Menschen Freiheit zu respektieren,
gehört zu den größten Geschenken,
die du ihm machen kannst.

Wenn du dich nur lange genug
selbst beschimpfst, wird dein Geist
dir irgendwann glauben
(zum Glück funktioniert das
aber auch andersrum!)

Mach dir keine Sorgen, wenn du deine Kraft verlierst, vielleicht findest du heraus, dass du ohne sie viel stärker bist.

Engstirnigen
Menschen bieten sich
Riesenchancen und
gute Gelegenheiten
nur äußerst selten.

Wenn du zu sehr auf das Ergebnis fixiert bist, verpasst du die ganze Magie ...

Der weise Wurm

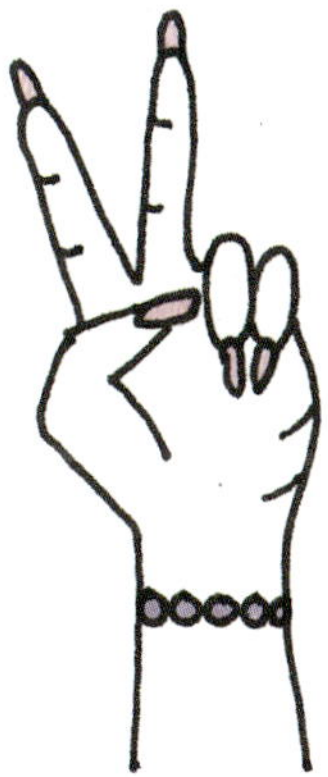

Was bedeutet
Frieden?
Vielleicht die
Kraft, die jeden
emanzipieren und
verändern kann.

Die Blockaden, die dich daran hindern,
dein volles Potential zu entfalten, befinden sich
nicht im Außen, sie sind in dir. Sie stammen von
falschen Gedanken wie: „Ich bin nicht gut genug",
„Ich bin nicht kreativ genug" und „Ich könnte das
nie UND es würde eh nicht funktionieren."
Die Liste ist endlos! Der Trick besteht darin,
diese Gedanken zu überprüfen, damit sie
verschwinden – dann wirst du beobachten, wie
sich die äußere Welt wie von Zauberhand im
Einklang mit den Veränderungen
im Inneren wandelt.

Eine Gleichung, die wir nicht in der Schule gelernt haben

Selbstsabotage und Selbstverurteilung sind die gut getarnten Auswüchse der Aufschieberitis.

Es gibt einen Grund dafür, weshalb dieselbe Geschichte sich wiederholt: Du hast noch nicht alles darüber gelernt.

Das Leben liebt nichts
mehr als fokussierte,
engagierte Menschen,
die sich in die Welt trauen,
die beherzt sind und bereit,
für ihre Träume auch
Risiken einzugehen.

Sei dir selbst dein bester Freund.

Achte auf deine Träume, sie können dir eine Menge darüber verraten, was dich gerade beschäftigt, und ihre Symbolik ermöglicht dir vielleicht sogar einen Blick in deine Zukunft.

Je mehr du an Magie glaubst, desto mehr Magie wird sich dir offenbaren.

Geld macht
Menschen nur
dann glücklich,
wenn sie es
mit etwas
verdienen,
das sie lieben.

Solange du dich am Leben anderer orientierst, wirst du nie deinen Herzenswunsch erfüllen oder ein authentisches Leben führen können.

Die bedeutendste Reise im Leben ist nicht etwa die Reise zu Erfolg und Reichtum, sondern die Erforschung des eigenen Selbst.

Deine Intuition ist wie ein Muskel,
je öfter du ihn benutzt,
desto stärker wird er.

Wahre Liebe
beginnt
mit
DIR.

Ein neuer Blickwinkel ist
so erfrischend wie ein Nickerchen.

Wie kannst du erwarten,
das zu bekommen,
was du willst, wenn du
nicht bereit bist,
das wegzuwerfen,
was du nicht willst?..

Schmerz verschwindet in der Regel nicht, wenn wir ihn ignorieren. Er verschwindet, wenn wir ihn kennenlernen.

Der glückliche Hippie

EINFACH, ABER WAHR

Veränderungen akzeptieren und Risiken eingehen sind die Hauptzutaten für ein erfülltes Leben.

Das Leben wird um einiges leichter, wenn du erkennst, dass es keine Fehler gibt, nur Lernmöglichkeiten – Gelegenheiten zu wachsen, ohne dich selbst zu verurteilen.

Die kleinen Dinge anerkennen macht uns glücklich.

Professor Wahrheit

Kümmere dich mehr
darum, wie DU dich
siehst, als darum,
wie andere
dich sehen.

Burt, du bist immer so fröhlich und glücklich – was ist dein Geheimnis?
Naja, ich trinke jeden Morgen so ein ganz spezielles Gebräu. Man nennt es Glückstee!

DU bringst den Schwung in dein Leben, niemand sonst!

10 Vorschläge für ein Leben ohne Reue:

1. Lebe dein Leben so, wie es dir entspricht und nicht nach den Maßstäben anderer.
2. Lache so oft es geht aus vollem Herzen.
3. Halte deine Freunde in Ehren (sie sind deine Unterstützung).
4. Sei ab und zu albern.
5. Erschaffe etwas! (Dann bleibt auch deine Seele glücklich.)
6. Arbeite hart, aber nicht zu hart.
7. Verbringe Zeit mit den Menschen, die du liebst.
8. Sei MUTIG, inspiriere andere mit deinen Talenten.
9. Übe dich darin, anderen (auch Fremden) gegenüber gütig und großzügig zu sein.
10. Bewahre dir einen kindlichen Blick, auch im Alter.

Scheue dich nicht, in dein Inneres zu blicken. Die Gewässer deiner Seele mögen vielleicht trüb und wenig verlockend erscheinen, doch an ihrem Grund liegen womöglich echte Schätze, die nur darauf warten, gehoben zu werden.

SELBST-WERT DEMO

Wenn man etwas Kreatives macht,
ist es ganz normal, sich hinterher
ausgeliefert und verletzlich zu
fühlen, vielleicht sogar zu schämen.
Diejenigen, die kreative Berufe
ergreifen und ein kreatives Leben
führen, haben ihrer Verletzlichkeit
einfach nur ein wenig Liebe
geschenkt und dann weitergemacht.

Denk immer daran, dass du das Universum jederzeit um Hilfe bitten kannst.

Guru Schuhlos

Gedanken sind etwas sehr Mächtiges. Denke sie nur oft genug und lange genug, dann werden sie zu selbsterfüllenden Prophezeiungen.

Wenn es dir schwer fällt, im Augenblick zu leben und dabei voll gegenwärtig zu sein, versuche doch mal, mit weisen Gurus und Experten für den „gegenwärtigen Augenblick“ abzuhängen.
Man nennt sie auch ‚Kinder‘.

Seelen sind wie Hunde,
sie lieben lange Spaziergänge
in der Natur.

Je mehr du als Persönlichkeit wächst, desto mehr Demut wirst du verspüren – du wirst zu jemandem, der für immer das magische Geheimnis des Lebens bestaunt.

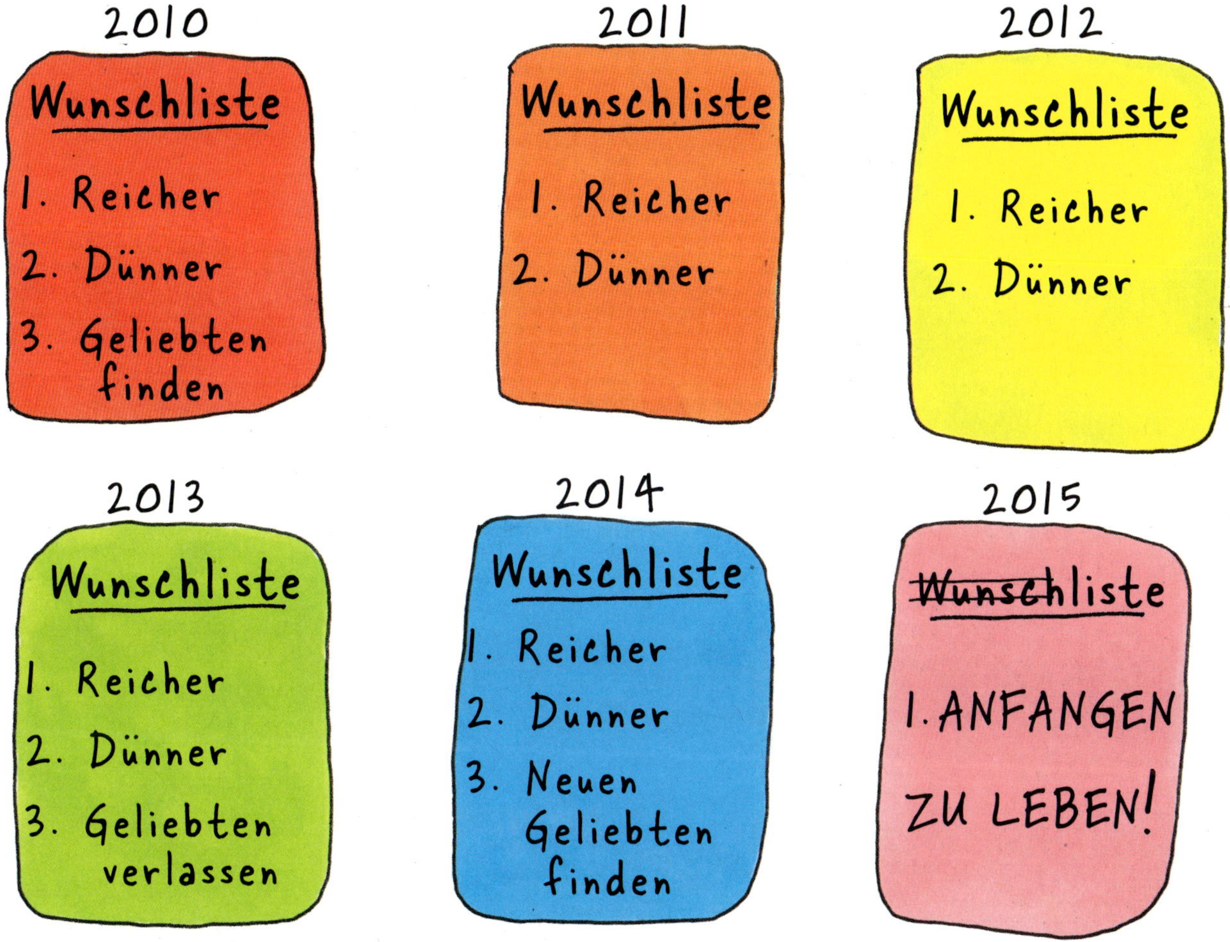
2010
Wunschliste
1. Reicher
2. Dünner
3. Geliebten finden
2011
Wunschliste
1. Reicher
2. Dünner
2012
Wunschliste
1. Reicher
2. Dünner
2013
Wunschliste
1. Reicher
2. Dünner
3. Geliebten verlassen
2014
Wunschliste
1. Reicher
2. Dünner
3. Neuen Geliebten finden
2015
~~Wunsch~~liste
1. ANFANGEN ZU LEBEN!

Tief in dir drinnen weißt du, was zu tun ist, was zu sagen ist, wie du sein solltest und du kennst die Lösungen für alle deine Probleme ...
Was glaubst du, wofür du sonst eine Seele hast?

Wenn du etwas wirklich Befreiendes tun willst:
Mache dich nicht von Resultaten abhängig.

Die wirklich wahren
Worte werden nicht
mit den Ohren gehört,
man fühlt sie
mit dem Herzen.

Professor Wahrheit

Finde
dein
Licht und
stehe mitten
drin

Sein ist
wesentlich
erfüllender
als tun.

Fehler sind doch das Beste an allem.

Auch wenn es am Anfang oft schwierig ist: Veränderung macht uns schöner.

Das ist Bob. Bob ist mit allem, was er macht, sehr erfolgreich. Das liegt daran, dass sein Gehirn anders funktioniert als das von anderen Menschen. Wenn Bob das Wort „NEIN" hört, übersetzt sein Gehirn das in „Gib dir mehr Mühe, versuch es nochmal, probier etwas anderes aus oder versuch es später nochmal!" Wenn wir doch nur alle so ein Gehirn hätten wie Bob – oh Moment mal, haben wir ja!

Etiketten sind etwas
sehr Gefährliches und sollten immer
mit Warnhinweisen versehen werden!

Der weise Wurm

Unvollkommenheit
ist die
reinste
Form
der Schönheit.

Oft im Leben
erweist sich dein
Plan B als Segen.
Vielleicht steht
das „B" ja für
„besser".

Liebe ist der Grund, warum wir hier sind.

Du bist nicht dein Job.
Du bist nicht deine Klamotten.
Du bist nicht dein Geld (oder dein Geldmangel). Du bist nicht dein Haus und auch nicht dein Auto.
Dein Herz, deine Seele, dein Geist und deine Essenz machen dich zu
DEM, WAS DU BIST.

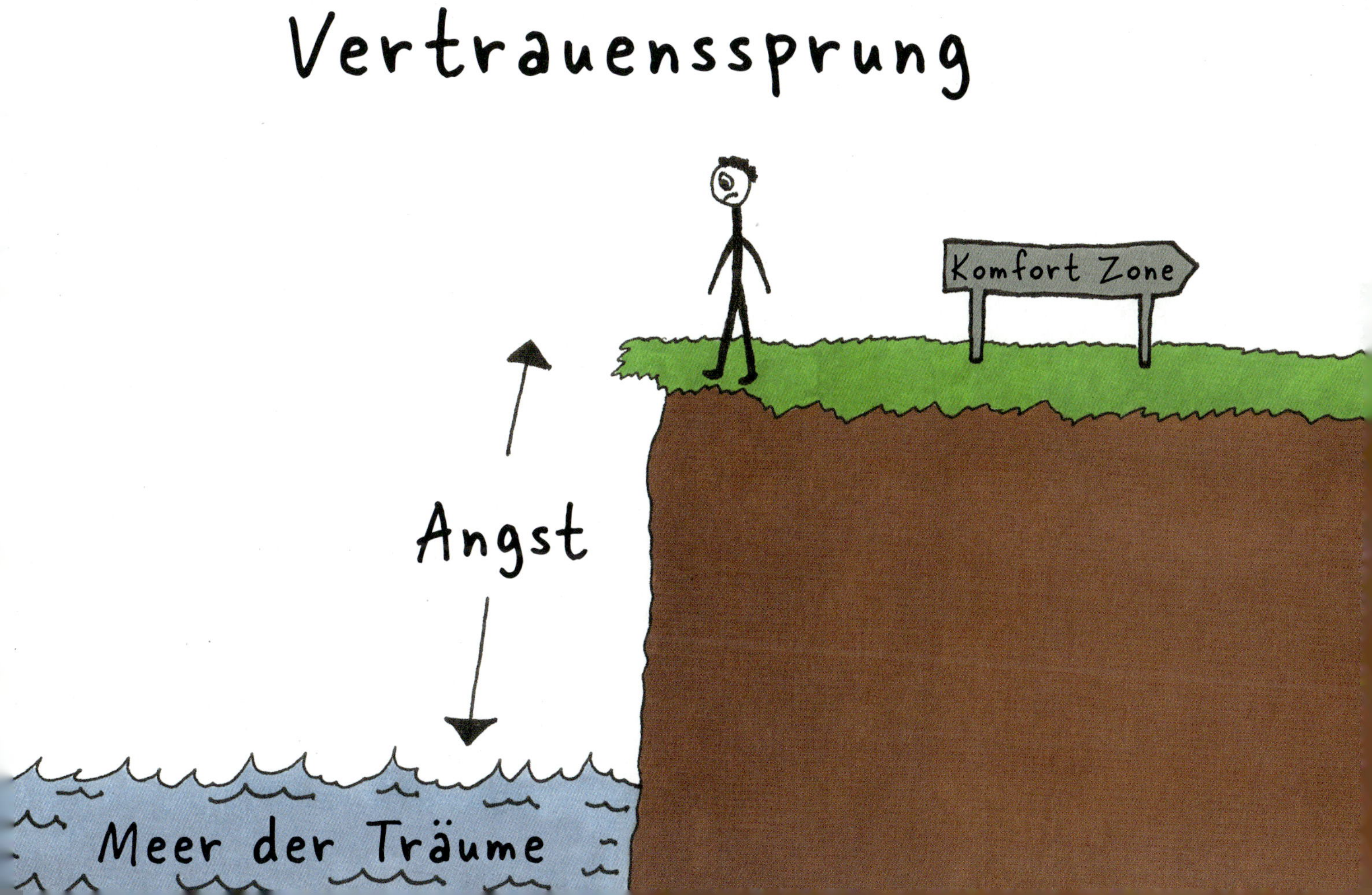
Vertrauenssprung
Komfort Zone
Angst
Meer der Träume

Während du so durch
dein Leben gehst, solltest
du dir irgendwann einmal
folgende Frage stellen:
„Wer sonst sollte ich sein,
wenn nicht ich selbst?"

Sich in jemanden zu verlieben, ist wunderschön, aber der wahre Zauber beginnt erst, wenn man sich in sich selbst verliebt.

Ein friedliches
Leben beginnt
in dir.

Du kannst
genauso
frei sein
wie ich.

Was würdest du tun, wenn du nicht das Gefühl hättest, das Ergebnis bewerten zu müssen?

Würdest du vielleicht malen, singen, schreiben, tanzen, schauspielern oder fotografieren?

Fang an, deine Kreativität zu genießen, anstatt zu erwarten, gleich ein Meisterwerk zu erschaffen.

DO IT!
Ziemlich oft im Leben sollte man sich die Frage stellen: „Worauf warte ich noch??“ TU ES!

Guru Schuhlos

Weisheit bedeutet,
nicht verstehen
zu müssen.

Am Ende ihres Lebens wünschen Menschen sich oft, sie hätten sich erlaubt, glücklicher zu sein.

Schlaue Mietze

Die Grenzen, die wir uns auferlegt haben, werden so lange ein Teil von uns sein, bis wir erkennen, dass sie es nicht sind.

Lebe den
Traum,
träume ihn
nicht nur...

Halte dich nicht fest an dem, was ‚gut' ist in deinem Leben, und leugne nicht alles, was ‚schlecht' ist. Der Schlüssel ist, alles in seiner Herrlichkeit zu lieben – erst dann bist du wirklich lebendig.

Traurig, dass Menschen ihr ganzes Leben lang denken ‚was, wenn dies geschieht?', ‚was, wenn das geschieht?', ‚was, wenn dies schiefgeht?', ‚was, wenn das schiefgeht?', und dann sterben, ohne je wirklich gelebt zu haben.

Dein Zuhause war
immer, ist immer
und wird immer
in dir sein ...

Das Leben ist zu kurz und zu kostbar, um es damit zu verschwenden, in Problemen festzustecken.
weise

?
Das Leben erscheint oft chaotisch, als würde alles schiefgehen. In Wahrheit ist aber alles bis ins kleinste Detail zu deinem höchsten Wohle geplant. Vertraue deinem Leben, es weiß immer genau, was es tut, egal, ob du das auch weißt oder nicht!

Du allein weißt,
wie du dich
voll und ganz
lieben
kannst.

Auch das Gewöhn-
liche
steckt
voller Magie.

Jeder ist
ein Künstler
– ein Lebens-
künstler!
Farbe

- [x] Essen
- [x] Wasser
- [x] Dach überm Kopf
- [x] Familie
- [x] Freunde
- [x] Busfahrkarte

Zum Glück
braucht man
nur sehr
wenig für ein
zufriedenes
Leben.

Der glückliche Hippie

Deine Seele
will wachsen, darum
strebt sie nach
Erfahrungen, die du
Kämpfe nennst.

Was machst du, Betty?
Ich mache gar nichts. Ich finde, unsere Welt legt zu viel Wert auf ‚tun', stattdessen ‚bin' ich einfach!
Ich auch!

Die universelle Energie
dient jedem von uns –
sie scheint nur denen,
die an sie glauben,
noch viel besser
zu dienen!

Immer den Regeln zu folgen, schafft selten etwas Neues.

Träume
werden
WIRKLICH
wahr.

Wenn dir dieses Buch gefallen hat, schau doch mal auf Facebook und Twitter vorbei, dort gibt es mehr Gedanken wie diese. Von Montag bis Freitag stelle ich jeden Tag einen neuen Gedanken und ein neues Bild ein! Die Links zu meinen Social Media-Seiten findest du auf meiner Website:

www.maythethoughtsbewithyou.com

Wenn du weitere Bücher oder auf dem Buch basierende Kunstdrucke erwerben möchtest, wirst du ebenfalls auf meiner Webseite fündig.

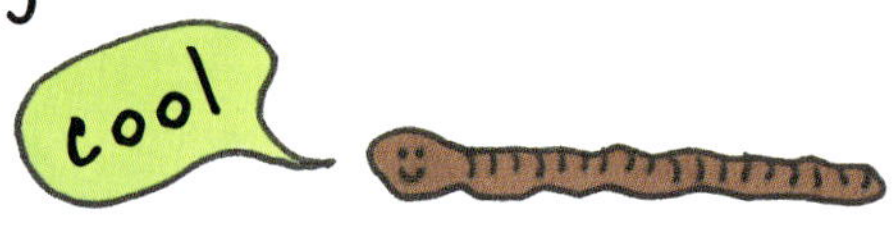

© Nathan Browning

Hallo, ich bin Charlotte, die Schöpferin von „Mögen gute Gedanken mit dir sein". Ich dachte, ich erzähl mal ein bisschen davon, wie dieses Büchlein hier zustande kam, nur für den Fall, dass es dich interessiert!

Dieses Buch steckt zwar voller positiver Gedanken, entstanden ist es aber in einer depressiven Phase im Jahr 2008. Ich hole mal etwas weiter aus. Diese Depression war die schrecklichste, schwierigste und beängstigendste Zeit meines Lebens. Jeder, der schon einmal in dieser Lage war, weiß, wie unglaublich hilflos man sich dabei fühlt. Man hat mir empfohlen, Medikamente dagegen zu nehmen, aber selbst in meinen schlimmsten Momenten wusste ich, dass das nicht der richtige Weg für mich war. Ich habe nichts gegen Antidepressiva, aber mein Instinkt riet mir, lieber auf natürlichem Wege gesund zu werden. Das ist mir auch gelungen, durch Gespräche mit verständnisvollen Menschen, gesunde Ernährung, jeden Tag ein bis zwei Stunden Spazierengehen und regelmäßige Akupunktur-Behandlungen. Es gab noch etwas, das mir beim Gesundwerden geholfen hat, etwas, das sich zu einer Leidenschaft entwickeln sollte und sich ganz langsam als mein Lebenswerk entpuppte. Nach zwei Monaten Depression fing ich an, jeden Tag meine glücklichen und positiven Gedanken aufzuschreiben. Ich schrieb sie auf, um mich daran zu erinnern, wie ich mich eigentlich fühlen sollte und dass das Leben etwas Wunderbares ist, auch wenn ich das damals nicht so spüren konnte. Ich teilte diese Gedanken jeden Morgen auf meiner Facebook-Seite, denn ich dachte, es könnte auch für Freunde hilfreich sein. In den nächsten zwei Jahren bekam ich immer mehr Fans. Damals war ich von meiner Depression schon vollständig genesen, doch ich hatte so viel Spaß daran gefunden, meine Gedanken zu teilen, dass ich einfach damit weiter machte. Freunde hatten mich auch gebeten, meine Gedanken in einem Buch zusammenzutragen, und obwohl ich die Idee eigentlich gut fand, wäre mir im Traum nicht eingefallen, sie in die Tat umzusetzen!

Plötzlich versuchte das Leben selbst, mit mir in Kontakt zu treten. Ich hatte damals einen Bürojob und bekam das RSI-Syndrom. Diese schmerzhafte Krankheit setzte mich für zwei Jahre außer Gefecht und schließlich zeichnete sich ab, dass ich nicht mehr zu meinem alten Job würde zurückkehren können. Eine komplette Neuausrichtung war angesagt. Und da dämmerte es mir, dass ich mir den Rat meiner Freunde vielleicht zu Herzen nehmen und meine Gedanken in

Buchform fassen sollte. Ich wurde ganz aufgeregt! RSI bedeutete, dass ich nicht mehr mit dem Computer arbeiten könnte, aber es wäre ja auch viel schöner, den Text von Hand zu schreiben und vielleicht könnte ich ja auch kleine Bilder dazu malen? Ich hatte zwar nur wenig Fähigkeiten beim Malen, aber das könnte das Buch vielleicht unterhaltsamer und bedeutungsvoller machen! Es sah nach einer großartigen Idee aus. Und so war es auch, mein neues Leben hatte begonnen. Ich kündigte meinen Job, gestaltete das Buch, druckte es im Eigenverlag und verkaufte es jedem, der die Güte besaß, es erwerben zu wollen.

Anfangs verkaufte ich 200 Bücher an Familie, Freunde und Freunde von Freunden. Ihr Feedback war unglaublich ermutigend, also entschloss ich mich, es ein paar freien Buch- und Geschenkeläden in der näheren Umgebung anzubieten. Vielleicht würden sie ja ein paar Bücher nehmen? Ich war so nervös und aufgeregt, aber zu meiner großen Freude sagten sie alle Ja und legten mein Buch sogar direkt neben die Kasse, damit jeder es sehen konnte. Das Buch wurde sehr beliebt und in einigen Läden sogar zum Bestseller!

Inzwischen hatte mir mein Freund eine Website gestaltet und ich verkaufte zusätzlich eine Menge Bücher über meinen Onlineshop. Dann kam ich auf die Idee, auf dem Portobello Market in Notting Hill einen Stand anzumieten. Meine

Lieblingsgedanken pickte ich heraus und vergrößerte sie, um sie als Kunstdrucke zu verkaufen. Das Ergebnis war verblüffend. Die Kunden lächelten vergnügt, während sie mein Buch durchblätterten, kicherten über die Bilder und manche brachen sogar in Tränen aus, weil ihnen, wie sie sagten, meine Gedanken so aus der Seele sprachen! Und dann gab es noch die Leute, die ein Buch oder einen Druck mitnahmen und ein paar Stunden später wiederkamen, um noch mehr zu kaufen. Sie erzählten mir, dass sie jemanden kennen, dem meine lustigen Arbeiten gefallen würden: ein Angehöriger mit einer chronischen Krankheit, eine Freundin im Krankenhaus, eine Schwester mit gebrochenem Herzen, den deprimierten Lebensgefährten, den einsamen Nachbarn, die Tochter, die sich eine berufliche Veränderung wünscht, den Bruder mit PTBS, die beste Freundin in der Reha, den autistischen Sohn oder einfach nur einen Freund, der bald Geburtstag hatte. Ich war völlig baff. Mein kleines Büchlein, das seinen Anfang in einer so finsteren, traurigen und einsamen Zeit meines Lebens genommen hatte, wurde von so vielen Menschen gemocht und geschätzt. Das war ein wunderbares Gefühl. Und natürlich hat auch die Portobello Road als Touristenattraktion dabei geholfen, mein Buch bekannt zu machen. Bestellungen aus aller Welt gingen plötzlich in meinem Onlineshop ein und die Leute erzählten mir, sie hätten ein

Buch an meinem Stand gekauft und wollten nun weitere für ihre Familien und Freunde bestellen.

Für mich war jeder Abschnitt meiner Reise mit diesem Buch eine Überraschung. Was mich aber am meisten überraschte war, wie gut mein Buch bei Kindern ankam. Als ich es schrieb, hatte ich mich eigentlich an Erwachsene gerichtet, doch meine Kunden berichteten mir immer wieder, wie sehr es auch ihren Kindern gefiel. Viele Lehrer kauften es, um ihren Schülern positives Denken beizubringen. Es gab noch eine besondere Überraschung, ein königlicher Kunde! Eines Tages besuchte der König von Malaysia die Portobello Road und kaufte bei mir ein Buch. Er bat mich sogar, es zu signieren, was mir ziemlich surreal vorkam!

Nachdem ich im ersten Jahr insgesamt 2.000 Bücher verkauft hatte, kam zufällig eine Dame an meinem Stand vorbei. Sie kaufte ein Buch und schrieb mir dann in einer E-Mail, sie hätte es ihrer Freundin Shaa Wasmund gezeigt, einer sehr erfolgreichen Unternehmerin, die einen Business-Bestseller geschrieben hatte. Kurz darauf kam eine E-Mail von Shaa, die mir schrieb, sie habe das Gefühl, mein Buch sollte mehr Menschen zugänglich gemacht werden und sie könne ein Treffen mit Hay House, einem großen Verlagshaus, arrangieren. Einen Monat später unterschrieb ich meinen Verlagsvertrag und war völlig aus dem Häuschen.

Dass mein Buch jetzt in deinen Händen liegt, haben wir nur diesem Umstand zu verdanken!

Soweit also meine Geschichte. Was für wunderbare Dinge sich doch manchmal aus einer schwierigen Zeit ergeben. Heute blicke ich natürlich mit anderen Augen auf meine Depression und das RSI-Syndrom zurück. Ich betrachte sie inzwischen als Geschenke. Ja, das alles war ganz schrecklich und schmerzhaft, aber es hat mein Leben zum Besseren gewendet und mir dabei geholfen, mein wahres Selbst und echtes Glück zu entdecken.

Ich hoffe wirklich sehr, dass du dich durch das Lesen meiner Geschichte besser fühlst oder gar auf die eine oder andere Weise inspiriert wirst. Wenn du gerade eine schwere Zeit durchmachst, hoffe ich, dass du trotzdem spüren kannst, dass es dafür am Ende vielleicht einen positiven Grund gibt und aus deinem Schmerz eine neue Kraft erwächst.

Jetzt verabschiede ich mich erst einmal. Aber wie gesagt: Man findet mich immer noch an der Portobello Road und vielleicht sehen wir uns ja eines Tages dort! Ich hoffe es sehr! Mögen gute Gedanken mit dir sein.

Alles Liebe, Charlotte

WIDMUNG

Ich widme dieses Buch all den Menschen, die schon daran geglaubt haben, als es noch nicht mehr als eine Idee gewesen ist. Und auch all den Menschen, die es gekauft haben, als ich es im Eigenverlag herausgegeben habe: meiner Familie, Freunden, den Kunden an meinem Stand, Online-Kunden und den freien Buch- und Geschenkeläden – ihr habt dem Buch einen fantastischen Start ins Leben ermöglicht! Ein riesengroßes Dankeschön an Shaa und die Leute von Hay House, dass sie mir die Gelegenheit gegeben haben, es ganz traditionell verlegen zu lassen – das hat mein Leben verändert!

Von ganzem Herzen möchte ich meiner Schwester Kate danken, die schlicht und ergreifend jeden einzelnen Schritt meiner Depression mit mir gegangen ist. Ein Riesendank auch an meine Mum, meinen Dad, meinen Bruder Rich, meinen Freund Johnny Lucas und den Rest meiner Familie: Granso, Uncle I, Johnny May, Jacob, Zeb und Jahryn – ich liebe euch alle so sehr!

Titel der Originalausgabe: May The Thoughts Be With You

Herausgegeben von Hay House (UK) Ltd. 2014
Hay House Rundfunksendungen unter: www.hayhouseradio.com

Charlotte Reed:
Mögen gute Gedanken mit dir sein
Projektmanagement: Marianne Nentwig

info@j-kamphausen.de

Übersetzung: Frances Hoffmann
Lektorat: Andreas Klatt
Cover-Design und Illustrationen:
Charlotte Reed
Satz der deutschen Ausgabe: KleiDesign
Druck & Verarbeitung: Westermann Druck Zwickau GmbH

www.weltinnenraum.de

1. Auflage 2015

Bibliografische Information der Deutschen Nationalbibliothek

Die Deutsche Nationalbibliothek verzeichnet diese
Publikation in der Deutschen Nationalbibliografie;
detaillierte bibliografische Daten sind im Internet
über **http://dnb.d-nb.de** abrufbar.

ISBN 978-3-95883-005-9

*Dieses Buch wurde auf 100% Altpapier gedruckt
und ist alterungsbeständig.
Weitere Informationen hierzu finden Sie unter*
www.weltinnenraum.de

100% RECYCLINGPAPIER